Les dragons ç

Deuxième édition Mai 2000

Titre original:
There's no such thing as a Dragon
Golden Books
(USA)

Une première version française de cet album
a été publiée en 1985 aux éditions Casterman

ISBN 2-87142-127-7
D/1997/3712/22

a n'existe pas

Jack Kent

Mijade

Quand il se réveilla un beau matin,
Benoît Brindherbe fut tout surpris
de trouver dans sa chambre un dragon.
C'était un petit dragon,
de la grosseur d'un petit chat.

Le dragon agita gaiement sa queue lorsque Benoît lui caressa la tête.

Benoît se précipita dans la cuisine
pour raconter à sa mère ce qui se passait.
« Les dragons, ça n'existe pas »,
dit Madame Brindherbe.
Elle avait l'air tout à fait certaine
de ce qu'elle disait.

Benoît remonta dans sa chambre et commença à s'habiller. Le dragon s'approcha de lui en remuant la queue.

Benoît ne voulut pas le caresser. Ce serait idiot de caresser quelque chose qui n'existe pas.

Benoît descendit prendre son petit déjeuner. Le dragon le suivit. Il avait grandi. Il était presque aussi grand qu'un chien.

Benoît s'assit à table.
Le dragon s'assit sur la table.
C'est défendu de s'asseoir sur la table,
mais que pouvait faire la mère de Benoît?
Elle avait affirmé que les dragons,
ça n'existe pas.
Alors, impossible de dire
à quelque chose qui n'existe pas:
« Descends de cette table! »

Madame Brindherbe avait fait des crêpes.

Mais le dragon
mangea toutes
les crêpes.

Elle en fit d'autres
que le dragon mangea également.

Madame Brindherbe continua
jusqu'à ce qu'elle n'ait plus de pâte.

Benoît ne mangea qu'une seule crêpe,
mais il se dit qu'après tout c'était suffisant.

Benoît monta
se laver les dents.

Madame Brindherbe se mit à débarrasser.
Le dragon, qui était devenu aussi grand qu'elle…

…s'installa sur la moquette de l'entrée
et s'endormit.

Quand Benoît redescendit,
le dragon avait grandi au point d'occuper toute l'entrée.
Benoît dut faire le tour par le living pour rejoindre sa mère.

Il fallut toute la matinée
pour faire le ménage du rez-de-chaussée.
Le dragon encombrait le passage,
et pour aller d'une pièce à l'autre
madame Brindherbe devait escalader
la fenêtre.

« Je ne savais pas que les dragons grandissaient aussi vite », dit Benoît. « Les dragons, ça n'existe pas! » dit la mère d'une voix ferme.

A midi, le dragon remplissait toute la maison.
Sa tête sortait par la porte d'entrée, sa queue par la porte de derrière, et il y avait des morceaux du dragon dans toutes les pièces.

Quand le dragon se réveilla de sa sieste, il avait faim.
Une camionnette de boulanger passait par là.
Le dragon ne put résister à la bonne odeur de pain frais.
Il se mit à courir derrière la camionnette.
Et la maison suivit, comme la coquille d'un escargot.

Juste comme le facteur arrivait
avec des lettres pour la famille Brindherbe,
la maison le frôla, filant dans la rue au triple galop.
Il essaya un moment de la poursuivre,
mais dut y renoncer.

Quand Monsieur Brindherbe revint
à l'heure du déjeuner,
il vit tout de suite que sa maison avait disparu.

Heureusement, une voisine put lui indiquer
la direction qu'elle avait prise.
Benoît et Madame Brindherbe
faisaient de grands signes par la fenêtre de l'étage.

BONPAIN
Boulangeries

Monsieur Brindherbe
escalada la tête du dragon,
grimpa sur le porche
et entra par la fenêtre.
« Comment est-ce arrivé? »
demanda-t-il.

« C'est le dragon », dit Benoît.
« Les dragons, ça… »,
voulut dire sa mère.
« Mais il y a un dragon! »
insista Benoît.
« Un très grand dragon! »
Et Benoît caressa
la tête du dragon.

Le dragon agita la queue joyeusement. Puis, plus vite même qu'il n'avait grandi, il se mit à rapetisser.

Bientôt, il fut de la grosseur d'un petit chat.

« Un dragon de cette taille, je veux bien », dit la maman.
« Mais pourquoi est-il devenu si énorme? »

« Je ne sais pas », dit Benoît.
« Peut-être voulait-il tout simplement attirer notre attention ? »